NOTICE BIOGRAPHIQUE

SUR

FRÉDÉRIC SIMOTTEL

ANCIEN AVOCAT A LA COUR D'APPEL DE COLMAR

Juge de Paix à Brest depuis 1872

PAR

F. DINAGO

Avocat à l'ancienne Cour d'Appel française de Colmar

Bâtonnier de l'Ordre des Avocats de St-Dié

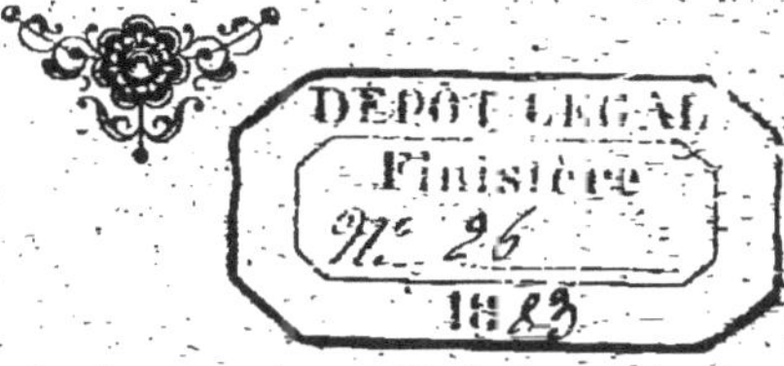

NOTICE BIOGRAPHIQUE

SUR

FRÉDÉRIC SIMOTTEL

ANCIEN AVOCAT A LA COUR D'APPEL DE COLMAR

Juge de Paix à Brest depuis 1872

PAR

F. DINAGO

Avocat à l'ancienne Cour d'Appel française de Colmar

Bâtonnier de l'Ordre des Avocats de St-Dié

Frédéric SIMOTTEL

Le dernier Secrétaire de l'ancien Ordre des Avocats près la Cour d'Appel française de Colmar, est mort le 20 Novembre 1882 à Brest, où il remplissait depuis dix ans les fonctions de juge de paix.

Enfant de Colmar, M. Simottel quitta sa ville natale en 1872, après y avoir exercé la profession d'avocat pendant 34 ans, entouré de l'estime de tous ses concitoyens. Il s'était fait au Palais une réputation justement méritée de juriste érudit et laborieux et avait rapidement conquis un des premiers rangs au Barreau militant de la Cour, dont il était un des avocats les plus écoutés et près de laquelle il pensait, comme beaucoup d'autres, hélas ! finir sa carrière dans un milieu sympathique qui était sa vie ! Mais la funeste guerre de 1870 lui avait enlevé son fils aîné, René Simottel, tué au siége de Belfort, comme lieutenant des gardes-mobiles du Haut-Rhin, et il prit immédiatement une décision patriotique qu'aucune autre considération ne put ébranler. Il faut, en effet, avoir connu dans l'intimité M. Simottel pour savoir tout ce que son cœur renfermait de sentiments élevés, de bonté et d'affection pour les siens, et je n'ai pas été le moins étonné, en découvrant sous cette enveloppe matérielle qu'il plaisantait quelquefois, une âme sentimentale à l'excès et un esprit d'une finesse et d'une délicatesse rares. Aussi, la mort de son cher enfant et l'humiliation de sa Patrie firent-elles à son cœur de père et de Français une double blessure qui ne guérit jamais !!

Quand il connut l'arrêt fatal qui annexait notre belle Alsace à l'empire d'Allemagne, il n'hésita pas, avec la presque généralité de ses confrères, à abandonner son pays natal et son cabinet d'avocat; et si la mort l'a surpris comme juge de paix à Brest, c'est parce qu'il avait maintes fois refusé au Garde des sceaux, — qui connaissait ses hautes capacités et ses sentiments libéraux, — de quitter cette ville, où il avait marié son dernier enfant à la fille d'un officier supérieur de la Marine, et où il avait retrouvé les consolations d'intérieur.

Ah ! la mort a fauché terriblement dans les rangs de l'ancien barreau de Colmar ! Koch, Mathieu Saint-Laurent, Gérard, Simottel, qui avaient sacrifié leurs intérêts les plus chers pour retrouver la France ; Chauffour Ignace, Kugler, Heisser, qui étaient restés au milieu de leurs concitoyens, ont déjà disparu de ce monde ! Quel vide, en quelques années, dans une corporation si fraternellement unie et dont les membres épars sont allés se créer péniblement une nouvelle position, loin de leur chère Alsace qu'ils pleurent sans cesse et dont la séparation a, pour beaucoup d'entr'eux, abrégé les jours ! Koch, qui commence cette funèbre liste en 1876, est mort à 61 ans, à Gray ; Mathieu Saint-Laurent à 45 ans, à Oran ; Gérard, à Nancy, à 63 ans, en plein talent, mais blessé au cœur aussi ; et Simottel meurt à 68 ans. Ce sont autant de victimes de l'annexion. Mais M. Simottel, plus que tout autre, ressentit la douleur de cette séparation, le *heimweh* du pays de ses affections, en raison même de l'éloignement plus grand de sa nouvelle résidence et des habitudes toutes différentes qu'il fut obligé d'imposer à son cœur et à son esprit, formés à la vie simple et cordiale d'Alsace. J'ai là, devant moi, conservées comme des reliques, ses lettres pleines de mélancolie, où percent l'amour et les regrets du clocher, et que je ne puis relire sans avoir les larmes aux yeux, parce que je sais qu'en les écrivant les larmes tombaient sur sa plume. Pauvre ami ! En évoquant les souvenirs d'un passé meilleur, il m'écrivait entr'autres, peu de temps après son installation à Brest en 1872 : « Je suis bien loin de mon pauvre Colmar, bien loin de vous tous et de mon cher René ; je suis au bout du monde, là où finit la terre, *Finis-terræ* ; ne l'oubliez pas et ne m'oubliez pas. »

Séparés sur cette terre, séparés même dans la tombe, se sont-ils retrouvés maintenant ?... Je le leur souhaite.

BIOGRAPHIE

Nous allons voir par sa biographie, tracée fidèlement, grâce aux documents que j'ai pu me procurer, quelle vie de dévouement et d'abnégation fut la sienne.

Pierre-Frédéric-Antoine SIMOTTEL est né à Colmar le 1er Novembre 1814. C'est dans le village d'Oberhergheim, où son père fut percepteur des contributions directes jusqu'en 1824, qu'il apprit à lire et à écrire et qu'il reçut les premières notions de musique sur l'épinette du maître d'école. Rentré à Colmar, il fit ses classes le huitième, septième et sixième au collège communal de cette ville, et fut ensuite envoyé comme interne demi-boursier au lycée de Nancy, où il fréquenta les classes de cinquième, quatrième, troisième et seconde. En 1831, il reprit ses études au collège de

Colmar dans les cours de rhétorique, de philosophie et de mathématiques, avec MM. Holtzwarth, Kaeppelin, Lœuillet, pour professeurs, et M. Mouillard comme principal. Le 31 Août 1833, il conquit son diplôme de bachelier ès-lettres, et, à la fin de la même année, il commença à suivre les cours de la Faculté de droit de Strasbourg. Ses parents le destinaient au barreau, parce que cette carrière avait été celle de sa famille : ses derniers représentants au barreau du Conseil souverain d'Alsace étaient ses deux grands-oncles, Sébastien Simottel, mort célibataire, et Rewbell, membre du Directoire, qui avait épousé une Simottel, grand'-tante de notre confrère de Colmar. Son père lui loua une chambre moyennant 10 francs par mois, et sa pension était payée avec 35 francs, ce qui faisait une dépense mensuelle de 45 francs; mais ces dépenses étaient encore réduites à peu près à sept mois par année, car le jeune étudiant cherchait toujours à passer ses examens le plus tôt possible pour avoir de longues vacances et éviter ainsi de trop lourdes charges à sa famille. En dehors des cours, il travaillait chez Mᵉ Weiss, avoué à Strasbourg, et, pendant ses vacances, il fréquentait l'étude de Mᵉ Rencker, notaire à Colmar.

Le 20 Août 1836, il reçut son diplôme de licencié en droit et commença son doctorat ; mais il n'alla pas au-delà de la quatrième inscription, à raison de la situation financière de son père, qu'il ne connut que plus tard. Le 9 Novembre 1836, il prêta serment d'avocat à la première chambre de la Cour de Colmar, où il exerça sans interruption jusqu'au 6 Décembre 1870, jour auquel nos prétoires furent fermés, *manu militari,* par l'autorité allemande. Pendant ses trente-quatre années de barreau, M. Simottel fut plusieurs fois nommé bâtonnier ou membre du conseil de l'ordre, dont il était secrétaire au moment de la conquête, et, depuis 1853, il était chargé par l'Etat du soin de défendre ses intérêts devant la juridiction civile du ressort.

Laissons-le raconter lui-même ses débuts dans la vie, qui s'est ouverte si large et si souriante pour beaucoup d'entre nous, et qui s'annonçait au contraire si triste et si lourde pour lui. Un passage de notes personnelles, communiqué par la famille et publié avec son autorisation, s'exprime ainsi :

« Entré au barreau le 9 novembre 1836, le 15 Août 1840 mon père me révéla la triste situation de notre famille et l'impossibilité pour lui de solder une forte créance. Il fallait sauver à tout prix ma famille de la misère et peut-être du déshonneur : je le fis de tout cœur. Malheureusement, souvent et bien longtemps, je dus continuer ces sacrifices très onéreux et supporter des charges écrasantes qui ont pesé sur moi tout le temps qu'a duré ma vie d'avocat. Je crois qu'en me dévouant comme je l'ai fait, j'ai agi pour le plus grand bien de tous. Je n'en veux retirer ni profit ni gloire, je n'ai fait qu'accomplir mon devoir de fils et de frère ; mais je pense du moins que je l'ai accompli dignement et sans mériter l'inqualifiable conduite que l'on a tenue à mon égard, pour abreuver d'amertume le reste de ma vie..... »

Je m'arrête dans cette citation textuelle ; ce que j'en dis suffit pour montrer une des plus belles pages de la vie de M Simottel, qui est encore assez discret pour ne pas écrire de quel genre d'amertumes il a été abreuvé dans ses dernières années

Le 10 Septembre 1845, il se maria à Colmar avec Mlle Désirée Prud'homme, fille de feu M. Xavier Prud'homme, percepteur à Horbourg, et de cette union naquirent René Simottel, tué au siège de Belfort, le 22 Janvier 1871, et Robert Simottel, marié à Brest.

C'est ici que doit se placer le récit de l'événement le plus douloureux de l'existence de notre pauvre ami, événement qui vint le frapper dans des circonstances tout particulièrement cruelles.

La guerre était déclarée depuis plusieurs mois. L'Alsace était envahie et Colmar occupée par l'ennemi. Strasbourg et Metz avaient capitulé, mais Belfort résistait ; et parmi les vaillants défenseurs de cette héroïque pucelle se trouvait René Simottel. Le 16 Janvier 1871, à huit heures du soir, la maison Simottel, située dans la petite rue des Tanneurs, fut cernée par un détachement du 17e de ligne prussien. M. Simottel père fut arrêté, ainsi que son fils cadet, rentré depuis peu du siège de Metz, où sa santé avait été fortement ébranlée par toutes les privations des assiégés. Ce furent MM. Schmoelling, préfet de police prussien et Schwoeppenhauser, ancien commissaire central français, qui procédèrent à leur arrestation, sous l'inculpation d'avoir favorisé l'évasion de blessés français, prisonniers de guerre, fait qualifié de crime et puni de mort par l'ordonnance de M. de Bismarck du 12 Octobre 1870. Ils furent internés momentanément au 2e étage de l'hôtel des Deux-Clefs, mis au secret et ayant chacun la force armée à la porte de sa chambre. Le lendemain, le préfet prussien Von der Heydt vint procéder à leur interrogatoire. Il ordonna l'élargissement immédiat du fils et il annonça à M. Simottel père qu'il allait être transféré à Strasbourg, en compagnie de M. Édouard Chevalier, arrêté pour les mêmes motifs. En même temps qu'il mettait le fils cadet en liberté, il l'expulsa d'Alsace et lui intima l'ordre de se rendre à Nancy, sous peine d'être arrêté et conduit comme prisonnier en Allemagne.

Madame Simottel restait donc seule à Colmar, sans enfants, privée de son mari, exposée sans soutien à toutes les inquiétudes et à tous les dangers de l'occupation ennemie. Mais il était encore réservé à son cœur des émotions bien autrement douloureuses ! !

Arrivés à Strasbourg, MM. Simottel et Chevalier, furent incarcérés à la prison des Ponts-Couverts où ils restèrent deux longues et mortelles semaines. Leur cause ayant été fixée au 1er février 1871, devant le Conseil de guerre, ils songèrent à se pourvoir de défenseurs. Le barreau de Strasbourg témoigna à Simottel la plus touchante sympathie et ce fut son digne doyen, Me Mallarmé (actuellement juge honoraire à Epinal) qui se chargea de la défense de son confrère de Colmar ; M. Chevalier confia la sienne à Me Lederlin, professeur à la Faculté de droit......... Après quatre heures de débats, les deux accusés furent renvoyés acquittés.

Pendant qu'on discutait sur leur sort, madame Simottel, ignorant encore la décision du Conseil de guerre, recevait la foudroyante nouvelle de la mort de son fils René ; et c'est en rentrant tout joyeux d'annoncer à sa femme sa libération, que le pauvre père, acquitté à Strasbourg, fut condamné à Colmar à apprendre la perte cruelle qu'il venait d'éprouver. Son bonheur avait été bien court et les malheureux parents ne pouvaient croire à ce deuil qui n'était hélas ! que trop vrai. — Le 20 Janvier, à 4 heures du soir, René Simottel, lieutenant d'artillerie de la garde nationale mobile à Belfort, avait eu les jambes fracassées et l'épine dorsale brisée par un obus. Il avait souffert le martyre jusqu'au 22, à 9 heures du matin, et c'est avec une résignation héroïque, qui arrachait les larmes et excitait l'admiration de tous ceux qui l'entouraient, qu'il est mort en répétant sans cesse : « Cela ne me fait rien de mourir, Vive la France, mais mon pauvre père, que va-t-il devenir ? »

Dans ses notes particulières, le père répond : « Dieu m'a condamné à survivre ! » (1)

---

(1) Les ouvrages relatant le triste épisode de la mort de René Simottel, sont : *Le Siège de Belfort*, par Léon Belin, lieutenant de la garde mobile ;

Oui, il a survécu à son vaillant fils ! Oui, il a eu, en apparence, assez de force pour ne pas succomber et ne pas se laisser aller au désespoir ! mais ce cœur déjà si torturé pendant sa jeunesse, venait de recevoir un coup mortel. L'annexion de son pays envenima encore la plaie, et quand, quelques mois après, ce pauvre père quitta Colmar avec sa digne compagne et son dernier fils, il avait vieilli de vingt ans. C'est un des départs qui laissa le plus grand vide à Colmar, et, comme ses amis Gérard et Koch, il ne devait pas prendre profondément racine loin de la terre qui l'avait nourri et d'où il avait été si brusquement arraché.

Ceux qui ont connu dans l'intimité M. Simottel, ne seront pas étonnés que je dise un mot des deux seules distractions qu'il se soit jamais données à Colmar : la musique et sa collection de soldats.

Collection de Soldats.

Commencée en 1846, cette curieuse collection a été faite au moyen de feuilles de soldats tirées de fabriques de France, de l'étranger, et aussi de quantités de dessins inédits. Les différents spécimens proviennent de Paris, Épinal, Metz, Vienne, Rome, Londres, Moscou, Stockholm, Munich, Mayence, etc...... Les peintures des costumes, ainsi que les modifications des uniformes repeints et refaits, sont exactes et reproduites d'après

Paris, veuve Berger-Levrault et fils, libraires-éditeurs, 5, rue des Beaux-Arts, 1871, page 136.

Impressions et Souvenirs de Belfort, par un volontaire de l'armée de Belfort, 1871, Cherbuliez, rue de Seine, 33, page 108.

La Défense de Belfort, par Ed. Thiers et S. de la Laurencie ; Paris, Armand le Chevalier, 61, rue Richelieu, page 110.

Le Siège de Belfort coûta encore la vie à un autre de mes excellents amis d'enfance, Charles Meister, de Colmar, mort de la fièvre typhoïde.

es dessins de la Bibliothèque nationale, de Vernet, de Bélanger, Vernier, Philippoteaux, etc.... La collection comprend, pour la France, toutes les tenues militaires depuis Clovis jusqu'à nos jours, avec tous les changements de détail subis dans ces vingt dernières années, et, pour les principales armées européennes, les époques de 1791, de 1815 à 1866, et de 1870 à 1882.

Le tout forme un ensemble de près de 50,000 hommes, cartonnés, découpés, peints et fixés sur des petits blocs de bois qui permettent de les poser verticalement; c'est rangés sur des gradins, qu'ils produisent le meilleur effet.

Il y avait encore un autre collectionneur de ce genre, à Colmar, M. Lallemand, mort en 1867, mais dont l'armée était moins nombreuse que celle de M. Simottel, et bien des Colmariens peuvent se rappeler l'intéressante exposition que ces deux hommes de bien ont faite au foyer du Théâtre, en 1860, au profit des pauvres. Leurs deux collections réunies remplissaient tout le grand salon du foyer, et l'observateur, en parcourant les gradins, pouvait suivre les progrès et les changements historiques du costume militaire, depuis les temps les plus reculés. Je me souviens que le plus grand succès fut pour le côté de la salle réservé à l'époque où l'Alsace se jeta dans les bras de la France, et peu de villes eurent une exposition aussi originale. On ne pensait certes pas, à ce moment, que dix ans plus tard l'Alsacien serait contraint de porter l'uniforme prussien, qui ne sera jamais — les Allemands le savent bien, — le costume national des annexés.

Soirées musicales.

M. Simottel était un des pianistes-amateurs les plus distingués et les mieux doués de Colmar, et ses Soirées musicales datent de

1843. Parmi les exécutants se trouvaient : MM. Gall, Mayerhoffer, Lempfritt, Schirmer, Meyer, Ernst, Weissborn, Mertian, Meyer de Leipsick, Grosché, Braun, Wilhem, L., Lebert, Meyer (Forêts), Rindsler, Meyer de Rouffach. — En 1844, ces réunions hebdomadaires comptèrent comme membres invités en plus : MM. Lapique, Kallivoda, maître de chapelle du prince de Furstenberg, et Schultz. — En 1845, les mêmes, plus Joseph Heyberger de Hattstatt, âgé de 14 ans, professeur de musique à Mulhouse, avant la guerre, et actuellement directeur des chœurs au Conservatoire de Paris. — En 1846, MM. Sandherr et Foltz vinrent s'ajouter aux précédents. — En 1853, 1854, 1855, la Société d'amateurs s'augmenta de MM. Rivé, Thierry, Rouby, Graff, Schlumberger et Faudel; et en 1857 et 1858, elle se compléta encore par MM. Adolphe Ernst, Bartholdy, Lallemand, Welsch, Stern (Moïse), Stern (Raphaël), et Oudshorn, le célèbre violoncelliste, attaché à l'orchestre du théâtre de Strasbourg.

Les auditeurs habituels de ces réunions intimes étaient MM. Bavelaer, Bian, Ignace Chauffour, Louis Chauffour, Cherrier, le Curé de la paroisse et ses vicaires, Darbas, Decker Camille, Doyen, Ernst Ignace, Ernst Adolphe, Gérard, Goutzwiller, Koch, Hamberger, Henry, Kœnig, Langhans, Lebert père, l'abbé Martin, directeur du collège libre, Meyer, Moll, de Peyrimhoff, le général Pierre, Robin aîné, Schmitt, directeur d'assurances, Wilhelm Henri, Prud'homme (de Horbourg). Les auditeurs moins assidus étaient MM. L. Chauffour (d'Altkirch), Iadjewski (de Munster), Dr Jaenger, Marcon, de Neyremand père et fils, et Yves, avocat.

A la suite de la mort de la belle-mère, du père, du beau-père et du beau-frère de M. Simottel, deuils arrivés tous dans l'espace d'un an, les réunions musicales furent supprimées en 1860, et ce n'est qu'en 1864 qu'il les reprit, mais bien plus restreintes et plus intimes. A ce moment, les exécutants étaient mesdemoiselles Louise Ortlieb, qui avait une charmante voix de soprano, Élisa Oberlend, Henriette Lhomme ; et MM. Nieger Victor, Welsch, Fraiche, Gall, Ernst Adolphe, Meyer et Thierry.

M. Simottel fut un des fondateurs du Conservatoire de musique et de la Société philarmonique de Colmar, et ce fut lui que la Mairie chargea d'en rédiger les statuts.

Adorateur aussi passionné de la musique, M. Simottel, à peine arrivé à Brest en 1872, chercha à faire la connaissance de quelques amateurs, pour pouvoir reprendre ses trios, quatuors et quintettes. Il espérait ainsi adoucir un peu l'amertume de la séparation ; mais il frappa en vain à bien des portes, le goût de la musique n'étant point très-répandu dans cette partie de la France. Enfin, en 1876, grâce à M. Desperriers, greffier de la simple police, il put constituer un trio, qui fut le germe et l'origine des réunions suivantes faites en souvenir des veillées colmariennes. Les exécutants étaient Mesdames Robert Simottel et Caillaux, et MM. Joinaux, Degors, Garnault père, Mercier, Bouchet, Le Coispellier, Voizot, Allègre, Deshayes, Geffroy frères, Petiton, Barbet, Oberdorff, Garnault fils, Angibaud, Mertian, Le Nepvou de Carford, Moss, Lécureux, Bonnel, Chic, Simottel.

Les auditeurs étaient Mesdames Riou, Morel, Raillard, Destrais, Debourgues, Breton, Waltherr, Hommel, Tourette, Garnault, Simottel mère ; et MM. Hommel, Waltherr, Zimmermann, Ganter, Clément, Huch, André, Lamy, Foll, Kérébel, Helbronner, l'abbé Derrien, Riou, Destrais, R. Simottel.

L'indication des exécutants et des auditeurs de ces réunions musicales a son utilité au point de vue de l'histoire locale de Brest, parce qu'avant l'arrivée de notre compatriote, la musique de chambre n'était guère connue, ou du moins fort peu usitée dans cette ville ; et c'est par des détails sur l'histoire de chaque localité que l'on prépare une bonne histoire générale d'un pays. La mort de mon cher ancien confrère est venue rompre pour longtemps, pour toujours peut-être, ces soirées si agréables, qui ont été pour lui une consolation dans ses jours d'abattement.

Tous les journaux de Brest, sans distinction de nuance, et les principaux journaux d'Alsace ont rendu au père d'un de mes meilleurs camarades un juste tribut de regrets et de sympathique condoléance.

Que la famille et les nombreux amis de M. Simottel, ceux d'ici et ceux de là-bas, acceptent ces quelques lignes comme un faible hommage rendu à sa mémoire vénérée par un ami d'enfance de son fils René.

F. DINAGO,

ANCIEN AVOCAT A LA COUR DE COLMAR,

BATONNIER DE L'ORDRE DES AVOCATS DE SAINT-DIÉ.

S,146 — Brest, Imp. L. Evain-Roger, rue St-Yves, 32